O meu livro ilustrado bilíngue

Mein zweisprachiges Bilderbuch

As mais belas histórias infantis da Sefa num só volume

Ulrich Renz • Barbara Brinkmann:

Dorme bem, lobinho · Schlaf gut, kleiner Wolf

Para crianças a partir de 2 anos

Cornelia Haas • Ulrich Renz:

O Meu Sonho Mais Bonito · Mein allerschönster Traum

Para crianças a partir de 2 anos

Ulrich Renz • Marc Robitzky:

Os Cisnes Selvagens · Die wilden Schwäne

Adaptado de um conto de fadas de Hans Christian Andersen

Para crianças a partir de 5 anos

© 2024 by Sefa Verlag Kirsten Bödeker, Lübeck, Germany. www.sefa-verlag.de

Special thanks to Paul Bödeker, Freiburg, Germany

All rights reserved.

ISBN: 9783756305179

Ler · Ouvir · Compreender

Dorme bem, lobinho
Schlaf gut, kleiner Wolf

Ulrich Renz / Barbara Brinkmann

| português | bilingue | alemão |

Tradução:

Maria Rosa Kretschel (português)

Audiolivro e vídeo:

www.sefa-bilingual.com/bonus

Acesso gratuito com palavra-chave:

português: `LWPT2529`

alemão: `LWDE1314`

Boa noite, Tim! Amanhã continuamos a procurar.
Dorme bem agora!

Gute Nacht, Tim! Wir suchen morgen weiter.
Jetzt schlaf schön!

Lá fora já está escuro.

Draußen ist es schon dunkel.

O que é que o Tim está a fazer?

Was macht Tim denn da?

Ele sai para o parque infantil.
O que é que ele procura lá?

Er geht raus, zum Spielplatz.
Was sucht er da?

O lobinho!

Sem ele, o Tim não consegue dormir.

Den kleinen Wolf!

Ohne den kann er nicht schlafen.

Quem é que está a chegar?

Wer kommt denn da?

A Marie! Ela está à procura da sua bola.

Marie! Die sucht ihren Ball.

E o que é que o Tobi procura?

Und was sucht Tobi?

A sua escavadeira.

Seinen Bagger.

E a Nala, o que é que ela procura?

Und was sucht Nala?

A sua boneca.

Ihre Puppe.

Estas crianças não deviam ir já para a cama?
O gato está muito admirado.

Müssen die Kinder nicht ins Bett?
Die Katze wundert sich sehr.

E quem é que está a chegar agora?

Wer kommt denn jetzt?

A mamã e o papá do Tim!
Sem o seu Tim, eles não conseguem dormir.

Die Mama und der Papa von Tim!
Ohne ihren Tim können sie nicht schlafen.

E aparecem ainda mais pessoas! O papá da Marie. O avô do Tobi. E a mamã da Nala.

Und da kommen noch mehr! Der Papa von Marie. Der Opa von Tobi. Und die Mama von Nala.

Agora depressinha para a cama!

Jetzt aber schnell ins Bett!

Boa noite, Tim!

Amanhã já não precisamos de procurar.

Gute Nacht, Tim!

Morgen müssen wir nicht mehr suchen.

Dorme bem, lobinho!

Schlaf gut, kleiner Wolf!

Cornelia Haas • Ulrich Renz

O Meu Sonho Mais Bonito

Mein allerschönster Traum

Tradução:

Daniela Carneiro Lino (português)

Audiolivro e vídeo:

www.sefa-bilingual.com/bonus

Acesso gratuito com palavra-chave:

português: **BDPT2529**

alemão: **BDDE1314**

O Meu Sonho Mais Bonito

Mein allerschönster Traum

Cornelia Haas · Ulrich Renz

português   bilingue   alemão

Lulu não consegue adormecer. Todos os outros já estão a sonhar – o tubarão, o elefante, a ratinha, o dragão, o canguru, o cavaleiro, o macaco, o piloto. E o leãozinho. Até os olhos do urso estão quase a fechar…

Ei, ursinho, levas-me contigo para o teu sonho?

Lulu kann nicht einschlafen. Alle anderen träumen schon – der Haifisch, der Elefant, die kleine Maus, der Drache, das Känguru, der Ritter, der Affe, der Pilot. Und der Babylöwe. Auch dem Bären fallen schon fast die Augen zu …

Du Bär, nimmst du mich mit in deinen Traum?

E assim, Lulu chegou à terra dos sonhos dos ursos. O urso está a apanhar peixe no lago Tagayumi. E Lulu pergunta-se: quem poderá viver lá em cima nas árvores?

Quando o sonho chega ao fim, Lulu quer viver outra aventura. Vem comigo, vamos visitar o tubarão! Com o que estará ele a sonhar?

Und schon ist Lulu im Bären-Traumland. Der Bär fängt Fische im Tagayumi See. Und Lulu wundert sich, wer wohl da oben in den Bäumen wohnt?
Als der Traum zu Ende ist, will Lulu noch mehr erleben. Komm mit, wir besuchen den Haifisch! Was der wohl träumt?

O tubarão joga às caçadinhas com os peixes. Finalmente tem amigos! Ninguém tem medo dos seus dentes afiados.

Quando o sonho chega ao fim, Lulu quer viver outra aventura. Vem comigo, vamos visitar o elefante! Com o que estará ele a sonhar?

Der Haifisch spielt Fangen mit den Fischen. Endlich hat er Freunde! Keiner hat Angst vor seinen spitzen Zähnen.

Als der Traum zu Ende ist, will Lulu noch mehr erleben. Kommt mit, wir besuchen den Elefanten! Was der wohl träumt?

O elefante é leve como uma pena e pode voar! Está prestes a aterrar no prado celestial.

Quando o sonho chega ao fim, Lulu quer viver outra aventura. Vem comigo, vamos visitar a ratinha! Com o que estará ela a sonhar?

Der Elefant ist so leicht wie eine Feder und kann fliegen! Gleich landet er auf der Himmelswiese.
Als der Traum zu Ende ist, will Lulu noch mehr erleben. Kommt mit, wir besuchen die kleine Maus! Was die wohl träumt?

A ratinha dá uma volta pelo parque de diversões. A sua parte preferida é a montanha-russa.

Quando o sonho chega ao fim, Lulu quer viver outra aventura. Vem comigo, vamos visitar o dragão! Com o que estará ele a sonhar?

Die kleine Maus schaut sich den Rummel an. Am besten gefällt ihr die Achterbahn.
Als der Traum zu Ende ist, will Lulu noch mehr erleben. Kommt mit, wir besuchen den Drachen! Was der wohl träumt?

O dragão tem sede por ter cuspido fogo. Ele gostaria de beber o lago inteiro de limonada!

Quando o sonho chega ao fim, Lulu quer viver outra aventura. Vem comigo, vamos visitar o canguru! Com o que estará ele a sonhar?

Der Drache hat Durst vom Feuerspucken. Am liebsten will er den ganzen Limonadensee austrinken.

Als der Traum zu Ende ist, will Lulu noch mehr erleben. Kommt mit, wir besuchen das Känguru! Was das wohl träumt?

O canguru salta pela fábrica de doces e enche a sua bolsa. Ainda mais rebuçados azuis! E mais chupa-chupas! E chocolate!

Quando o sonho chega ao fim, Lulu quer viver outra aventura. Vem comigo, vamos visitar o cavaleiro! Com o que estará ele a sonhar?

Das Känguru hüpft durch die Süßigkeitenfabrik und stopft sich den Beutel voll. Noch mehr von den blauen Bonbons! Und mehr Lollis! Und Schokolade!

Als der Traum zu Ende ist, will Lulu noch mehr erleben. Kommt mit, wir besuchen den Ritter! Was der wohl träumt?

O cavaleiro está a fazer uma batalha de bolos com a sua princesa de sonho. Ups! O bolo de chantilly falhou o alvo!

Quando o sonho chega ao fim, Lulu quer viver outra aventura. Vem comigo, vamos visitar o macaco! Com o que estará ele a sonhar?

Der Ritter macht eine Tortenschlacht mit seiner Traumprinzessin. Oh! Die Sahnetorte geht daneben!

Als der Traum zu Ende ist, will Lulu noch mehr erleben. Kommt mit, wir besuchen den Affen! Was der wohl träumt?

Finalmente nevou na Terra dos Macacos! Todo o bando está fora de si e a fazer macacadas.

Quando o sonho chega ao fim, Lulu quer viver outra aventura. Vem comigo, vamos visitar o piloto! Em que sonho terá aterrado?

Endlich hat es einmal geschneit im Affenland! Die ganze Affenbande ist aus dem Häuschen und macht Affentheater.
Als der Traum zu Ende ist, will Lulu noch mehr erleben. Kommt mit, wir besuchen den Piloten! In welchem Traum der wohl gelandet ist?

O piloto voa e voa. Até aos confins da terra e ainda mais além, até às estrelas. Nunca nenhum outro piloto o conseguiu.
Quando o sonho chega ao fim, já todos estão muito cansados e não querem viver mais aventuras. Mas continuam a querer visitar o leãozinho. Com o que estará ele a sonhar?

Der Pilot fliegt und fliegt. Bis ans Ende der Welt und noch weiter bis zu den Sternen. Das hat noch kein anderer Pilot geschafft.

Als der Traum zu Ende ist, sind alle schon sehr müde und wollen nicht mehr so viel erleben. Aber den Babylöwen wollen sie noch besuchen. Was der wohl träumt?

O leãozinho tem saudades de casa e quer voltar para a sua cama quentinha e aconchegante.
E os outros também.

E assim começa ...

Der Babylöwe hat Heimweh und will zurück ins warme, kuschelige Bett.
Und die anderen auch.

Und da beginnt ...

... o mais bonito sonho de Lulu.

... Lulus
allerschönster Traum.

Ulrich Renz • Marc Robitzky

Os Cisnes Selvagens

Die wilden Schwäne

Tradução:

Maria Rosa Kretschel (português)

Audiolivro e vídeo:

www.sefa-bilingual.com/bonus

Acesso gratuito com palavra-chave:

português: **WSPT2529**

alemão: **WSDE1314**

Ulrich Renz · Marc Robitzky

Os Cisnes Selvagens

Die wilden Schwäne

Adaptado de um conto de fadas de

Hans Christian Andersen

português · bilingue · alemão

Era uma vez doze filhos de um rei—onze irmãos e uma irmã mais velha, chamada Elisa. Viviam felizes num maravilhoso palácio.

Es waren einmal zwölf Königskinder – elf Brüder und eine große Schwester, Elisa. Sie lebten glücklich in einem wunderschönen Schloss.

Um dia, a mãe morreu e, pouco tempo depois, o pai decidiu voltar a casar. Mas a nova mulher era uma bruxa malvada. Ela transformou os onze príncipes em cisnes e expulsou-os para muito longe, para um país distante do outro lado da grande floresta.

Eines Tages starb die Mutter, und einige Zeit später heiratete der König erneut. Die neue Frau aber war eine böse Hexe. Sie verzauberte die elf Prinzen in Schwäne und schickte sie weit weg in ein fernes Land jenseits des großen Waldes.

A madrasta vestiu à Elisa uma roupa esfarrapada e untou-lhe o rosto com uma horrível pomada, de tal maneira que o próprio pai não reconheceu a menina e expulsou-a do palácio. Elisa correu para o bosque sombrio.

Dem Mädchen zog sie Lumpen an und schmierte ihm eine hässliche Salbe ins Gesicht, so dass selbst der eigene Vater es nicht mehr erkannte und aus dem Schloss jagte. Elisa rannte in den dunklen Wald hinein.

Estava agora completamente sozinha e com uma imensa saudade dos seus irmãos desaparecidos. Quando a noite caiu, ela deitou-se numa cama de musgo por baixo das árvores.

Jetzt war sie ganz allein und sehnte sich aus tiefster Seele nach ihren verschwundenen Brüdern. Als es Abend wurde, machte sie sich unter den Bäumen ein Bett aus Moos.

Na manhã seguinte, ela chegou a um lago sereno e assustou-se quando viu o seu próprio rosto refletido na água. Mas, depois de se lavar, não havia no mundo uma princesa mais bela.

Am nächsten Morgen kam sie zu einem stillen See und erschrak, als sie darin ihr Spiegelbild sah. Nachdem sie sich aber gewaschen hatte, war sie das schönste Königskind unter der Sonne.

Passados muitos dias, Elisa chegou ao grande mar. Onze penas de cisne balançavam sobre as ondas.

Nach vielen Tagen erreichte Elisa das große Meer. Auf den Wellen schaukelten elf Schwanenfedern.

Quando o sol se pôs, ouviu-se um farfalhar de asas e onze cisnes selvagens pousaram na água. Elisa reconheceu logo os seus irmãos enfeitiçados. Mas, como estes falavam a língua dos cisnes, ela não os podia compreender.

Als die Sonne unterging, war ein Rauschen in der Luft, und elf wilde Schwäne landeten auf dem Wasser. Elisa erkannte ihre verzauberten Brüder sofort. Weil sie aber die Schwanensprache sprachen, konnte sie sie nicht verstehen.

Durante o dia, os cisnes voavam para longe e, à noite, os doze irmãos dormiam aconchegados uns aos outros dentro de uma gruta.

Uma noite, a Elisa teve um estranho sonho: a mãe contou-lhe o que ela podia fazer para libertar os irmãos do feitiço. Com urtigas, uma planta que queima e irrita a pele, ela devia tecer túnicas e atirar uma sobre cada um dos onze cisnes. Até estar pronta, ela não poderia dizer nem uma só palavra, pois a vida dos seus irmãos dependia do seu silêncio.
Elisa começou logo a trabalhar com afinco. Embora a pele das mãos ardesse como fogo, ela não parou de tecer.

Tagsüber flogen die Schwäne fort, nachts kuschelten sich die Geschwister in einer Höhle aneinander.

Eines Nachts hatte Elisa einen sonderbaren Traum: Ihre Mutter sagte ihr, wie sie die Brüder erlösen könne. Aus Brennnesseln solle sie für jeden Schwan ein Hemdchen stricken und es ihm überwerfen. Bis dahin aber dürfe sie kein einziges Wort reden, sonst müssten ihre Brüder sterben.
Elisa machte sich sofort an die Arbeit. Obwohl ihre Hände wie Feuer brannten, strickte sie unermüdlich.

Um dia, soaram ao longe cornetas de caça. Um príncipe cavalgou até ela com o seu séquito de caçadores. Logo que pousaram os olhos um no outro, foi amor à primeira vista.

Eines Tages ertönten in der Ferne Jagdhörner. Ein Prinz kam mit seinem Gefolge angeritten und stand schon bald vor ihr. Als die beiden sich in die Augen schauten, verliebten sie sich ineinander.

O príncipe ajudou Elisa a montar no seu cavalo e cavalgou com ela para o seu palácio.

Der Prinz hob Elisa auf sein Pferd und nahm sie mit auf sein Schloss.

A chegada da bela rapariga silenciosa não agradou nada ao poderoso tesoureiro. Tinha planeado que a sua própria filha fosse a noiva do príncipe.

Der mächtige Schatzmeister war über die Ankunft der stummen Schönen alles andere als erfreut. Seine eigene Tochter sollte die Braut des Prinzen werden.

A Elisa não tinha esquecido os seus irmãos. Todos os serões, continuava a tecer as túnicas. Uma noite, saiu para o cemitério para colher novas urtigas e foi observada, às escondidas, pelo tesoureiro.

Elisa hatte ihre Brüder nicht vergessen. Jeden Abend arbeitete sie weiter an den Hemdchen. Eines Nachts ging sie hinaus auf den Friedhof, um frische Brennnesseln zu holen. Dabei beobachtete der Schatzmeister sie heimlich.

Assim que o príncipe partiu para uma expedição de caça, o tesoureiro mandou prender Elisa numa cela. Acusou-a de ser uma bruxa e de se encontrar com outras bruxas à noite.

Sobald der Prinz auf einem Jagdausflug war, ließ der Schatzmeister Elisa in den Kerker werfen. Er behauptete, dass sie eine Hexe sei, die sich nachts mit anderen Hexen treffe.

De madrugada, os guardas foram buscá-la. Elisa iria ser queimada na praça.

Im Morgengrauen wurde Elisa von den Wachen abgeholt. Sie sollte auf dem Marktplatz verbrannt werden.

Logo que lá chegou, onze cisnes brancos voaram para junto dela. Elisa despachou-se a atirar as túnicas sobre os cisnes. De imediato, os seus irmãos recuperaram a sua figura humana. Só o mais novo, cuja túnica Elisa não tinha conseguido terminar, ficou com uma asa no lugar de um braço.

Kaum war sie dort angekommen, als plötzlich elf weiße Schwäne geflogen kamen. Schnell warf Elisa jedem ein Nesselhemdchen über. Bald standen alle ihre Brüder in Menschengestalt vor ihr. Nur der Kleinste, dessen Hemd nicht ganz fertig geworden war, behielt anstelle eines Armes einen Flügel.

Os irmãos ainda se estavam a beijar e a abraçar quando o príncipe voltou. Elisa podia, finalmente, explicar-lhe tudo. O príncipe mandou prender o malvado tesoureiro. Depois disso, as celebrações do casamento duraram sete dias.

E viveram todos felizes para sempre.

Das Herzen und Küssen der Geschwister hatte noch kein Ende genommen, als der Prinz zurückkam. Endlich konnte Elisa ihm alles erklären. Der Prinz ließ den bösen Schatzmeister in den Kerker werfen. Und dann wurde sieben Tage lang Hochzeit gefeiert.

Und wenn sie nicht gestorben sind, dann leben sie noch heute.

Hans Christian Andersen

Hans Christian Andersen nasceu, em 1805, na cidade dinamarquesa de Odessa e faleceu, em 1875, em Copenhaga. Tornou-se mundialmente famoso pelos contos que escreveu, como „A Pequena Sereia", „O Rei Vai Nu" ou „O Patinho Feio". O presente conto de fadas, „Os Cisnes Selvagens", foi publicado pela primeira vez em 1838. Desde então, foi traduzido para mais de cem línguas estrangeiras e adaptado para os mais diferentes formatos, incluindo teatro, cinema e musical.

Barbara Brinkmann nasceu em Munique (Alemanha) em 1969. Estudou arquitectura em Munique e trabalha actualmente no Departamento de Arquitectura da Universidade Técnica de Munique. Também trabalha como designer gráfica, ilustradora e autora.

Cornelia Haas ilustra livros para crianças e adolescentes desde 2001. Nasceu perto de Augsburg, Alemanha, em 1972. Estudou design na Universidade de Ciências Aplicadas de Münster e é atualmente professora de ilustração na Faculdade de Ciências Aplicadas de Münster.

Marc Robitzky, nascido em 1973, estudou na Escola Técnica de Artes de Hamburgo e na Academia de Artes Visuais de Frankfurt. Trabalha como ilustrador independente e designer de comunicação em Aschaffenburg (Alemanha).

Ulrich Renz nasceu em 1960 em Stuttgart, Alemanha. Estudou Literatura Francesa em Paris e Medicina em Lübeck, e posteriormente trabalhou como diretor numa editora científica. Actualmente Renz é autor freelancer e escreve livros para crianças, jovens, e não-ficção.

Gostas de desenhar?

Aqui encontrarás todas as imagens da história para colorir:

www.sefa-bilingual.com/coloring